ÉDOUARD GOUMY

MAITRE DE CONFÉRENCES A L'ÉCOLE NORMALE SUPÉRIEURE

8 DÉCEMBRE 1832 — 11 JUIN 1891

ÉDOUARD GOUMY

MAITRE DE CONFÉRENCES A L'ÉCOLE NORMALE SUPÉRIEURE

8 DÉCEMBRE 1832 — 11 JUIN 1891

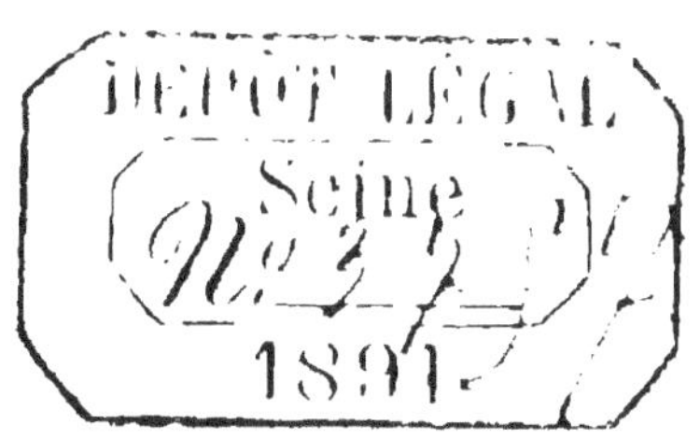

ÉDOUARD GOUMY

DISCOURS

PRONONCÉ SUR SA TOMBE LE 13 JUIN 1891

PAR

M. GEORGES PERROT

DIRECTEUR DE L'ÉCOLE NORMALE SUPÉRIEURE

MESSIEURS,

M. Goumy n'était pas seulement pour moi un de mes meilleurs et de mes plus dévoués collaborateurs, un de ceux qui assistaient avec le plus de zèle, dans la tâche commune, le directeur de l'École : c'était un ami d'enfance et de jeunesse, un de ces vieux camarades dont on rencontre partout l'image dans son passé, aussi loin que l'on peut y remonter par la mémoire. Depuis que nous sommes entrés ensemble au collège Charlemagne, en septième, il n'y a pas une année de ma vie où, quand je m'attache à évoquer et à ranimer ces souvenirs déjà si lointains, je ne trouve sa vie mêlée à la mienne. Quoique nous n'appartinssions pas à la même institution, que nous fussions, comme on disait, lui à Jauffret et moi à Massin, nous nous étions liés dès la sixième. Nous causions à la sortie des classes, et même en classe; nous passions souvent nos dimanches ensemble, l'hiver à Paris, l'été dans de longues promenades aux environs; nous nous disputions, sans que cette rivalité ait jamais mis entre nous l'ombre même d'un nuage, les prix du collège et du concours, auxquels on tenait plus alors qu'on ne semble le faire aujourd'hui. Nous sommes entrés ensemble à l'École en 1852, et notre intimité s'y est encore resserrée, dans ce commerce constant de toutes les heures et presque de toutes les minutes que procure la vie en commun, dans ces longues conversations et discussions qui, commencées en récréation, se poursuivent en étude et parfois même jusqu'au dortoir. Quand nous avons quitté l'École, nos destinées se sont séparées; il était nommé professeur de rhéto-rique à Coutances, tandis que je partais pour la Grèce; mais l'absence même et l'éloignement ne réussirent pas, comme il arrive trop souvent, à relâcher les liens de notre amitié; nous nous écrivions de ces longues lettres où la plume court si vite, alors que l'esprit attend encore beaucoup des hommes, dont il n'a pas pris la mesure, et des choses, dont il n'a pas atteint le fond. Des lettres de ce temps, j'en relisais encore, il y a quelques jours, écrites de sa grande écriture hardie et comme joyeuse. Quand je revins, au bout de trois ans, il était déjà rentré à Paris où on l'avait appelé à inaugurer cette quatrième année d'études libres dont la tradition a été renouée à l'École par mon éminent prédécesseur, M. Fustel de Coulanges, après une longue interruption. Je partis à mon tour pour la province ; mais, dès 1863, nous nous rejoignions, pour ne plus nous quitter, au lycée Louis-le-Grand, où il professait la seconde quand j'y fus appelé en rhétorique. Lorsqu'en 1866 il alla prendre la rhétorique de Rollin, nous n'en restions pas moins proches voisins. J'eus toujours ma part de ses deuils et de ses joies ; nos enfants grandissaient ensemble ; ils héritaient, sans effort, des sentiments que s'étaient voués les parents.

Quand j'eus l'honneur d'être appelé à la direction de l'École, en 1883, ce me fut donc un sensible plaisir d'y retrouver, comme pour me faire accueil dans la maison qui nous était restée chère à tous les deux, mon ancien compagnon d'études.

Édouard Goumy était alors, depuis cinq ans déjà, en possession de cette chaire qu'il vient soudain de laisser vacante, après une courte maladie à la gravité de laquelle nous n'avons pas voulu croire d'abord, malgré l'inquiétude du médecin, tant cet homme si plein et comme débordant de vie nous semblait défendu contre la mort par une santé qui n'avait jamais paru recevoir aucune atteinte. En 1878, M. Bersot lui avait confié la conférence de langue et de littérature latine en première année, que Paul Albert quittait pour le Collège de France.

Ce qu'il était dès lors, ce qu'il fut jusqu'à la dernière heure, vous le savez tous, ses élèves d'hier et vous, ceux d'aujourd'hui, qui, le jour même de sa mort, receviez les dissertations qu'il vous renvoyait de la campagne, chargées de notes où vous le reconnaissiez tout entier, avec sa connaissance familière et comme instinctive du latin, avec son bon sens robuste et sa passion de la clarté.

Ce n'était pas en grammairien que Goumy avait appris et qu'il savait le latin : il l'avait appris comme l'apprenaient, dans la première moitié de ce siècle, les meilleurs élèves de nos lycées et ceux de l'École, en lisant et en relisant les auteurs, en se gravant dans la mémoire nombre de leurs plus belles pages, surtout en maniant sans cesse la langue, en l'appliquant à des thèmes si variés que l'on arrivait, du moins tant que l'on ne sortait pas d'un certain cercle d'idées, à écrire en latin sans plus sentir l'effort et la contrainte. Je ne crois point exagérer en affirmant que, sur maints sujets, nous en étions venus à penser en latin.

C'était, quoique avec une moindre maîtrise, la tradition des humanistes de la Renaissance. Goumy la continuait à l'École. Il s'appliquait, non sans succès, à entretenir quelque chose de ces habitudes chez des générations qui lui arrivaient de moins en moins préparées par les études du lycée à ces compositions latines que l'on exige encore des candidats à la licence et à l'agrégation.

D'année en année, la tâche devenait plus difficile et il s'y acharnait davantage; mais ce n'était pas parfois sans éprouver une sorte de découragement et sans lâcher la bride à son indignation lorsqu'il voyait monter la marée des solécismes, des barbarismes, et, ce qui lui paraissait plus grave encore, des gallicismes et des impropriétés de tout genre.

L'utilité de son enseignement n'était d'ailleurs pas tout entière dans le soin et la sûreté avec lesquels il relevait ces incorrections; il ne rendait pas moins de services à ses élèves par sa critique judicieuse et alerte, qui avait l'horreur du faux et du déclamatoire. Nul de leurs maîtres ne fut plus sévère pour les ornements adventices et cherchés, pour les phrases ambitieuses qui ne veulent rien dire, pour les synthèses prématurées qui reposent sur une connaissance insuffisante du détail. Il faisait parfois rire aux dépens de ceux qui avaient plus de prétentions que de talent, qui essayaient de dissimuler sous l'abondance et le luxe des mots le vide des idées ; mais il mettait tant de bonne humeur dans la raillerie, sa voix éclatante avait une sonorité si gaie que jamais personne ne lui en a voulu, parmi ceux mêmes aux dépens desquels il donnait à leurs camarades des leçons de style et de goût.

Cet homme qui avait le travail si facile a très peu écrit. Souvent ses amis et ses collègues lui exprimaient affectueusement le regret qu'il n'eût presque rien donné au public, depuis ses thèses de doctorat, dont l'une, son *Étude sur la vie et les écrits de l'abbé de Saint-Pierre*, avait été très remarquée en 1859. Des juges exigeants avaient reproché à ce brillant essai de ne point creuser assez profondément le sujet ; mais on avait senti que celui qui avait su toucher d'une main rapide et légère à toutes les questions qu'avait remuées le trop fécond écrivain était né journaliste ; aussi M. Guéroult, qui dirigeait alors, non sans éclat, un journal qui eut son heure de succès et d'importance, *l'Opinion nationale*, réussit-il à s'assurer, pendant quelque temps, le concours de notre ami. Bientôt après, c'était la maison Hachette qui lui confiait la direction de cette *Revue de l'instruction publique* dont les débuts avaient été illustrés par les premiers articles des Assollant, des About, des Weiss, des Prévost-Paradol et des Taine. Il la gouverna, pendant les dernières années de l'Empire, avec beaucoup de largeur d'esprit et de bonne grâce, sans la laisser déchoir, quoique déjà plusieurs de ceux qui en avaient fait la réputation l'eussent abandonnée, soit pour la politique, soit pour des travaux mieux rétribués ; il y donna assez souvent de sa personne et de sa plume pour attirer l'attention de Sainte-Beuve, qui, dans un de ces articles où il passait en revue les talents naissants, signalait, au premier rang de sa génération de normaliens, « le spirituel voltairien Goumy ».

Vint la guerre de 1870, et la *Revue*, qui avait suspendu sa publication pendant le siège, ne la reprit jamais. Je ne crois pas que Goumy ait jamais beaucoup regretté ses fonctions de rédacteur en chef. Il était entré dans la vie avec une fortune indépendante ; il n'avait, pour se contraindre au labeur de la composition et de la rédaction, ni l'aiguillon du besoin, ni celui de l'ambition et de la vanité. Ce qu'il aimait surtout, c'était lire et causer. Je lui cherchais parfois querelle, en l'accusant de lire trop vite, comme il faisait tout, comme il marchait, comme il voyageait, avec une prestesse singulière ; mais je n'en étais pas moins émerveillé de tout ce qu'il avait retenu et de tout ce qu'il savait, de tout ce qui reparaissait dans le mouvement de sa conversation, de cette conversation un peu brusque et hachée où il se complaisait.

Il se dépensa ainsi tout entier, dans les devoirs de sa fonction et dans le commerce de ses amis, pendant dix-neuf ans. Il fallut, pour le décider à reprendre la plume, l'intérêt passionné qu'il n'avait cessé de porter à ces choses de la politique où était engagé l'avenir de son pays. En 1889, il publiait un livre, *la France du centenaire*, qui eut un succès très franc et très mérité. Ce n'est pas ici le lieu d'en discuter les idées, de chercher s'il a toujours été juste pour tous les acteurs qui figurent dans le tableau où il résume à grands traits l'histoire de la France depuis 1789. Parmi ceux mêmes qui ont discuté certains jugements, personne ne s'est rencontré pour mettre en doute la sincérité du patriotisme et la noblesse de la pensée ; tous les critiques ont rendu hommage à l'éclat du style, au souffle qui anime tout l'ouvrage, écrit avec une sorte d'emportement généreux.

Encouragé par la fortune de ce livre, Goumy avait formé de grands projets, qu'il promenait sous les ombrages de ses beaux arbres d'Orsay ; il parlait d'écrire une histoire de la Révolution, qui aurait été comme le développement et la justification des vues exposées dans son livre. En attendant, pour montrer quel avait été l'esprit de son enseignement à l'École, il avait commencé de réunir les observations et les idées que lui avait suggérées l'étude des chefs-d'œuvre de la littérature latine. Plusieurs chapitres en étaient déjà prêts; si la piété de sa fille et de son gendre nous les fait lire, on y verra comment il entretenait ses élèves de Virgile et d'Horace, d'Horace surtout, qu'il connaissait si bien et dont il goûtait si fort le sens et la sagesse enjouée.

La plume lui est tombée des mains avant qu'il eût terminé cette œuvre, commencée trop tard. Ce nous sera du moins une consolation, à nous tous, ses amis et ses élèves, que le seul ouvrage, à vrai dire, qu'il ait laissé, que le testament de sa maturité se trouve être, en même temps qu'une preuve de rare talent, une bonne action, une action virile. Ces pages, où il se montre souvent si sévère pour les républicains, ont certainement contribué, pour leur part, à accélérer le mouvement qui entraîne de plus en plus tous les esprits sérieux et libres à faire acte d'adhésion à la République; elles mériteront de ne pas être oubliées quand on écrira, plus tard, l'histoire de la crise décisive à laquelle nous assistons depuis trois ans. En même temps, elles ont fait honneur à l'École, dont elles rappelaient, à tous égards, les meilleures traditions.

Goumy avait pour l'École une dévotion filiale ; c'était à son enseignement qu'il aimait à rapporter tout ce qu'il avait eu de mérite et de succès. L'École lui rendait cette affection ; tous ses élèves savaient que nul, parmi leurs maîtres, ne gardait de plus cordiales relations avec ceux dont il avait concouru à former l'esprit, n'était plus prêt, en toute occasion, à les aider de ses conseils et de son influence, à leur ouvrir toutes les voies. Dans les autres milieux où il avait accès, il rencontrait les mêmes sympathies. Quoique, malgré une cruelle épreuve, il ait été, à prendre l'ensemble de sa vie, ce que l'on appelle un homme heureux, je ne lui ai pas connu un ennemi. Je suis donc certain qu'autour de moi tous les cœurs s'associent, sans aucune réserve, à l'adieu que je dis en votre nom à l'ami que je ne remplacerai pas, au collègue vers qui se tendaient toutes les mains dans nos réunions qu'il animait du feu de sa parole et de sa gaieté, au maître dont la franchise, parfois un peu rude en apparence, n'a pas fait un mécontent.

PARIS

IMPRIMERIE D. DUMOULIN ET Cie

5, rue des Grands-Augustins, 5

PARIS

IMPRIMERIE D. DUMOULIN ET Cie

5, rue des Grands-Augustins, 5

* 9 7 8 2 0 1 3 6 1 7 6 6 6 *